AF314916

LES PÉRILS DE LA LOI,

OU

DERNIER TERME DE LA DISCUSSION

SUR L'EXPLOITATION

DE LA MINE DE VIC.

> Or, renversez l'urne : qu'y trouvez-vous ?
> des votes de confiance, de condescendance :
> pas un vote de conviction. Tout motif manque.
>
> (*La Loi sans motifs.*)

PARIS,

ADRIEN ÉGRON, IMPRIMEUR-LIBRAIRE,
RUE DES NOYERS, N° 37;
PONTHIEU, LIBRAIRE, AU PALAIS-ROYAL.

1825.

SOMMAIRE DES ECRITS SUR LA MINE.

L'ETAT de la Question démontre :

Dans l'intérêt du trésor (page 33), que le projet l'expose aux risques de la fraude, qui de plus serait fatale aux producteurs soumis à la taxe;

Dans l'intérêt de la richesse publique (page 15), qu'une exploitation de 600,000 quintaux enleverait aux marais salans la moitié du produit brut, c'est-à-dire la rente entière ;

Que la consommation (pages 48-54) ne gagnerait rien à cette énorme réduction du prix de vente sur les lieux, et resterait soumise, par l'abandon des marais, à toutes les chances inhérentes à la mine de sel gemme;

Que la production (pages 55-60), c'est-à-dire le maintien du travail qui s'y applique, subirait une perte importante, sans aucune compensation;

Dans l'intérêt des marais salans (pages 38-47), que l'impôt en resserrant le marché, les dépouille indûment d'une part de leur revenu; et qu'à l'égard du projet, qui aggrave le dommage, l'arrêt de la justice est porté en deux deux mots : « Si l'intérêt public n'y gagne rien, arrêtez-vous; s'il en profite, indemnisez-nous. »

Dans l'intérêt des régions de l'Est (page 19), que le monopole y existe par le fait et permet à la régie de n'y débiter que du sel gemme, à son grand bénéfice;

(Pages 21-32) Que le sel gemme n'est employé nulle part avant le raffinage, et que la mine de Vic, sauf une fruction de sel blanc pur, ne contient que des matières dont le résidu est considérable, suivant l'analise insérée (page 82);

(Pages 61-70) Que l'Est supporte une taxe arbitraire; que le prix du bail s'acquitte par ce moyen; qu'une régie doit y être établie, pour vendre au prix coûtant, sous la limite de 250 mille quintaux.

L'*Historique de la Loi* (page 29), et surtout *la Loi sans Motifs* (pages 27 et 45), sont revenus sur ce dernier sujet, et ont prouvé que le ministre ne pouvait exécuter son plan sans se rendre concussionnaire.

L'*Examen du Rapport à l'Académie*, le *Coup d'œil sur l'Exposé aux Pairs*, l'*Analise du Rapport de leur Commission*, ont été employés à réfuter, ligne par ligne, ces trois documens.

Le *Préambule de la Discussion* a répondu à toutes les assertions et objections mises en avant dans le sein de cette commission.

L'*Historique de la Loi* s'est attaché à développer son origine, sa formation et sa contexture, ne craignant point d'appeler les personnes en scène, pour dévoiler le secret des choses.

La Loi sans motifs, après avoir saisi la question, sous le rapport politique, a présenté l'analise critique de la discussion à la Chambre des Pairs, et de l'exposé à la Chambre des Députés.

Enfin, l'écrit actuel, conçu sous la forme d'une admonition aux députés et au ministre, sert de transition entre les débats avant l'adoption, et les débats lors de l'exécution.

LES
PÉRILS DE LA LOI,

DERNIER TERME DE LA DISCUSSION

SUR L'EXPLOITATION DE LA MINE DE VIC.

IL n'existe nulle part, sauf en Catalogne, de concurrence entre les sels de mer et de mine ; et nulle part, sauf peut-être en Pologne, le sel gemme n'est consommé avant le raffinage.

La mine de Vic fut découverte deux fois, et deux fois prohibée, sous Louis XIII, suivant le testament de Richelieu ; sous Louis XV, d'après le rapport de M. Dupin, fermier-général.

La question est donc neuve. Des préventions légitimes s'élèvent contre la mine ; et toute analogie est fautive, nulle induction n'est applicable.

Pour poser la question, il fallait recueillir les

données éparses avec un scrupule minutieux; pour la résoudre, il fallait franchir à travers les erremens de la pratique et remonter jusqu'à la source première d'où découlent les principes de justice et de sagesse.

C'est à ce travail qu'ont été consacrés plusieurs écrits, dont le sommaire, inséré ci-dessus, donnera quelqu'idée.

Ceux qui ne les ont pas lus ignorent l'état de la question, puisqu'elle n'a pas été traitée ailleurs; ceux qui les ont lus sont dispensés de toute peine nouvelle, puisqu'il n'y a été nullement répondu.

Cependant l'opinion pourrait également se former par une voix plus expéditive et sans aucune fatigue pour l'esprit ni pour les yeux, tout simplement en se rappelant les assertions avancées en faveur du projet dont la futilité est peut-être plus frappante encore que la force même des raisonnemens.

« La mine doit reconquérir nos débouchés. » Est-ce en Suisse ? Il y a un nouveau traité. Est-ce sur le Rhin et la Meuse ? Les sels d'Allemagne et d'Angleterre y sont à plus bas prix. Et à quoi se monte un tel commerce ? La mine exportera par terre 300,000 quintaux métriques, produisant 600,000 fr., dont 300,000 pour les frais, 150,000 pour les profits, autant peut-être pour le trésor. L'emploi de ses sels est supposé pour les pêches, pour les salaisons, quand le sel gemme en est repoussé comme trop corrosif, le sel raffiné comme trop fondant; pour les fabriques chimiques, où les beaux sels du Sud n'ont point de concurrens; pour la nourriture des bestiaux, d'où la taxe et la surtaxe les éloignent à jamais.

« Les marais salans exportent cent mille quintaux de moins qu'en 1822. » Oui, parce que le prix s'y est élevé de 30 sous à 3 fr.; et le sel gemme reviendra à Dunkerque à 6 fr.

« L'industrie y est stationnaire. » Oui, à cause de la surabondance des sels et de l'avilissement du prix; que les marchés s'élargissent, et les sels de l'Ouest doubleront, ceux du Sud quadrupleront en quantité.

« Une diminution s'effectuera dans les prix. » Ce ne sera pas sur nos côtes, où la livre de sel se vend, terme moyen, à $\frac{3}{4}$ et $\frac{1}{4}$ de centime; ce ne sera point à Rouen, Orléans et Besançon, où le quintal de l'Ouest et du Sud ne vaut que 4 fr. Ce ne sera point à Paris, où la réduction de moitié dans le prix local n'influerait que d'un cinquantième sur le prix vénal en gros, et n'influerait en rien sur le prix de détail.

« L'équilibre se rétablira entre les prix de l'Est et du Centre. » L'équilibre entre ces deux régions est efficacement rompu au moyen de la surtaxe spéciale, et ne parvient à se balancer aux confins respectifs, que par l'astucieuse manœuvre d'y vendre les sels à 8 ou 9 fr. le quintal, en se couvrant de la perte par les ventes à 17 fr. au pied de l'usine.

Puis apparaît la fantasmagorie des canaux vivifiant les régions de l'Est, des fabriques chimiques s'élevant sur leur sol, et de l'influence d'une compagnie puissante, de la baisse de l'intérêt, de l'essor de l'industrie et de l'agriculture.

Comme si les canaux vont s'ouvrir pour le transport de cinquante mille quintaux, en épargne d'un franc par quintal; comme si les fabriques seront tentées de s'établir sous les auspices du monopole; comme si les profits de la Régie doivent se capitaliser sur les lieux pour y baisser le taux de l'intérêt; comme si, provisoirement, l'industrie existante n'était pas tuée et les produits de la terre avilis de prix, par la transition d'un état à l'autre.

Puis se déploie la charlatanerie de ces grands mots qui résonnent si haut et souvent si creux : industrie, liberté, concurrence !

Mais quelle armée se range sous leurs bannières? Une armée qui se meut comme un seul homme, et dont le chef gît à Paris, tandis que ses agens soudoyés pressurent les provinces; armée toute semblable au gigantesque polype des mers de Norwège, lequel projette au loin des tentacules démesurées pour saisir sa pâture et l'englober dans ce ventre insatiable qui fait tout son être.

Le ministre soutient que l'industrie de la mine ne peut rester ensevelie, quand chaque pas qu'elle ferait dans la vie, écrase, étouffe, enterre une industrie décuple de somme, centuple de prix.

A son dire, la liberté ne germe que sous la zône torride du monopole, et la concurrence ne fait route qu'en s'appuyant au bras d'une compagnie unique, comme sur un bâton de vieillesse. A son dire, la réduction des prix va s'obtenir sur l'heure, par les combinaisons artificieuses d'une surtaxe exorbitante et de la fermeture hermétique des douanes.

Et certes, ces fadaises officielles, tristes avortons de sophismes dont se délivre péniblement le cerveau en travail; et qui, effarouchés au moindre rayon de lumière, se réfugient d'abord sous l'ombre des vagues hypothèses, allaient s'évanouir à l'instant, si ce n'était qu'une puissance occulte, la prévention, dont tout le soin est de ménager avec scrupule les efforts toujours fatigans et souvent insuffisans du jugement, ne venait leur offrir accueil, leur demander aide, et ne tentait d'en tirer quelque ressource, bien fragile sans doute et pourtant si précieuse, si nécessaire pour elle.

Anathême aux localités : tel est l'arrêt prononcé par la prévention ; telle est la maxime intuitive qui semble prédominer sur les bancs à fleurs de lis.

Mais qu'êtes-vous donc, messieurs? Les représentans d'une république une et indivisible, investis de tout pouvoir de faire, déchargés de tout devoir de penser, ou les gens du grand conseil de notre maître, désignés par des circonscriptions territoriales et obligés de soutenir leurs droits, de reconnaître les droits collatéraux, de tenir et garder la balance entre les uns et les autres.

Les localités vous portent répugnance, ainsi que les spécialités donnent des nausées au ministère. La cause est la même : pour vous, pour lui et pour tant d'autres, c'est plus expédient. Or, cédez-lui donc ou ne vous cédez pas à vous-même.

Il n'y a point de débats sur les droits de la généralité ; car ce sont des droits abstraits. Les localités, les personnalités mêmes viennent ensuite, toutes avec des titres plus ou moins légitimes, toutes avec des intérêts plus ou moins hostiles. C'est là où gît la question ; et, parfois, il y a question en fait, bien qu'il n'y en ait pas dans l'idée.

Les choses sont ainsi : en quelque sens que vous agissiez et même au cas que vous n'agissiez pas, il y a déplacement ou affermissement. Tel y perd et tel y gagne : est-ce à tort ou à raison? Vous n'en saurez jamais rien, à moins d'apprécier et de balancer les droits respectifs.

Or, votre aversion devient-elle irrésistible, menace-t-elle de se confondre avec l'hydrophobie? Pour lors, ce sera le nom plutôt que la chose, ce sera la forme apparente qui vous fera rebrousser. L'arrêt fatal sera porté par la voie d'élimination ; et quelque localité d'ordre tout-à fait subalterne, que l'art aura dissimulé à vos sens, exploitera tout le bénéfice.

Par exemple, il s'agit des droits et des vœux de deux millions de consommateurs, des craintes et des risques de cent mille producteurs. Ce sont des intérêts de localités : vous allez les sabrer ; rien de mieux. Le dommage est accompli ; et à qui retourne le profit? le croiriez-vous jamais? à la localité de la *rue Chauchat*, à la localité *du puits Becquey.*

Mais heureusement, ces localités dont les titres allaient être violés, dont le sol devait être comme retranché de la carte sociale, et qui comprennent cependant vingt départemens à l'Est, à l'Ouest et au sud, ont dans la Chambre justement autant de défendeurs, qu'il y avait de demandeurs aux dernières élections, qu'il y en aura aux premières.

Et leurs fidèles élus, n'abandonneront pas des destinées aussi chères, à la garde de cette urne où se déjouent tant de calculs, à la merci de ces

boules qui ne laissent pas que de pencher du nouveau côté gauche; bien que les votes de l'opposition et quelques votes de conscience éclairée,
dussent s'y rallier à leurs votes empressés.

Rien ne les retient. L'un a l'espoir de la pairie;
l'autre est conseiller d'Etat ou préfet : celui-ci
travaille pour ses enfans, ses amis; celui-là ne
pense qu'à soulager l'infortune, qu'à défendre la
justice. Pour tous l'œuvre est suspendue : ce qui
est promis, ils le récusent; ce qui est obtenu, ils
le repoussent. C'est du présent comme de l'avenir que l'honneur donne sa démission; la démission, arme peu usitée dans les tournois de l'ambi-
tion, arme enchantée, qui briserait au premier
choc, la visière baissée du triomphateur.

Ils ne menacent pas, seulement ils se pronon-
cent : leur opposition ne sera pas systématique;
mais la déférence ne laissera plus tomber les boules dans l'urne; et les grands personnages ne pourront plus compter sur des souteneurs obligés. Ou
le ministre trompe; et c'est fini entre eux et lui;
ou il est trompé, et ce serait à n'en pas finir, pour
lui comme pour eux.

Or, ils l'emporteront : la planche est jetée. Les
députés de Provence l'ont emporté pour un impôt
de 5 millions sur les huiles, dont leur imagination
s'était inquiétée à tort. Les députés de Picardie
l'ont emporté, pour un droit de 5 millions sur la

petite bierre, droit local, inique, arbitraire, tout-à-fait analogue à la surtaxe des sels dans l'Est. Et ici, il y a moins d'écus à perdre, plus de cœurs à gagner.

Ils l'emporteront. Qu'ils ouvrent la bouche seulement : et laissant les courbettes à l'antichambre, réservant les fadeurs pour le boudoir, qu'ils prennent enfin une voix virile.

« Eh ! Messieurs, que ne disiez-vous plutôt ? Il faut que je vous fasse des reproches. Vous me trompiez donc : vos votes, vos gestes, vos paroles même, me donnaient toujours raison : vous répétiez si bien et mot pour mot, la leçon, qu'il me semblait la recevoir de vous. Trop heureux, mille fois trop heureux, qu'il me reste quelque chose à faire pour vos personnes, même pour vos départemens, puisqu'il s'en rencontre en croupe derrière elles. »

Mais en tous cas, elle ne seroit pas oubliée, l'ancienne devise, *fais ce que dois, advienne ce que pourra ;* devise toujours si noble, et souvent si sage.

Car enfin, d'autres se tenaient ferme aussi, se croyaient à l'abri de tout risque ; et ils sont tombés ; ils se sont brisés. Telle est la loi suprême : Les temps ne font que se répéter : qu'un éclair vienne frapper les glaces encore confuses de l'avenir ; elles vous rendront la vive image du passé.

Le jour du jugement ne tarde pas ; et là, sur la sellette, il ne reste pour tout cortége, au patient, que la pâle conscience : places, promesses, espérances, tout s'est évanoui ; le ver de terre n'est pas plus nu.

Or, comment répondre à la voix de ses pairs, qui se sera condensée en silence, qui sera chargée de tant de plaintes, de tant de blâmes.

« Que faissiez-vous là haut ? Est-ce pour nous ou pour vous que vous y étiez envoyés ; est-ce pour vous ou pour nous que vous y avez travaillé ? d'abord, nous fûmes charmés d'apprendre que des honneurs, des emplois vous eussent été conférés. Il nous semblait que le Roi récompensait notre fidélité dans vos personnes, et nul doute ne s'élevait que vous alliez nous en rapporter toute la reconnaissance.

« Cependant il apparaît un projet de loi qui nous afflige et nous effraie : et nous restons tranquilles, trop certains que vous repousseriez les faveurs d'un ministre qui menaçait vos amis de tant de dommage ; trop certains que pour le mince intérêt de sa vanité, le ministre ne voudrait pas compromettre son crédit près de vous et encourir vore juste vengeance.

« Qu'avez-vous donc fait, ou que n'avez-vous pas fait ? la loi est passée, malgré vos boules noires sans doute : mais ce n'était pas pour acheter des boules de telle ou telle couleur, que nos bulletins confians, s'étaient ralliés à vos noms. Ils prétendaient se porter sur des hommes forts et inflexibles, ils prétendaient former un contrat de conscience, où il n'y eût jamais à transiger; ils prétendaient vous identifier à nos intérêts, au moment qu'ils vous investissaient de nos droits.

« Et vous nous avez reniés! Vous vous êtes reniés vous-mêmes! Allez, ni le ciel ni la terre ne se laissent renier deux fois. »

IL est une sorte de préjugé, de préjugement plutôt, tout-à-fait raisonnable : la judicature et le commerce, la société même en font emploi à leur grand bénéfice, et la politique trop hautaine, que tant d'échecs irritent au lieu d'éclairer, se trouve seule à le récuser. Un adage l'exprime : tel avocat, telle cause.

Or, que le ministre ne purge-t-il ses bureaux de la poussière qui les encombre ; et aussitôt son œil rendu à la lumière, dévisagera sur le théâtre, dans la coulisse de gauche, le principal artisan des machinations, homme trop fameux en des temps mal famés, dont le ton arrogant trahit les liaisons secrètes, et dont la coupable cupidité se dénonce dans ses imputations injurieuses contre le plus respectable caractère (1) ; puis dans cette

____

(1) « Le mode de régie qu'on indique, semble désigner les premiers moteurs d'une réclamation, revêtue *d'ailleurs* de tant de signatures recommandables ; et le témoignage du député de Château-Salins prouve évidemment l'origine que nous signalons. » (*Réponse aux Mémoires des Propriétaires de Marais Salans.*)

coulisse qui tourne de droite à gauche, le fauteur d'une autre bande, lequel sans place, sans talent et sans renom, s'est créé quelque valeur factice par ses intrigues multipliées, et n'a pas travaillé sans succès à la tâche commune, de fermer les journaux aux réclamations de la justice.

Pour lors, que le ministre juge : car, s'il ne juge pas, il sera jugé.

La loi lui est allouée. Et que fera-t-il de ce bien obtenu au prix de tant de peines ? Sa position n'est pas tenable. D'une part, il promet et garantit à chaque députation les plus belles choses du monde, comme, par exemple, que nul n'y perdra, et que que tous y gagneront ; et, d'autre part, aussitôt la session close, obsédé par les brigues, tourmenté par les bureaux, préoccupé par des soins plus importans, il lui faudra dériver de la ligne de ses engagemens.

Mais les députés reviendront peut-être ; et, s'ils ont repris quelque force au contact vivifiant du sol natal, s'ils se sont laissé ranimer par l'émanation pure des affections locales, ce sera seulement du bout des lèvres que tombera le refrain accoutumé : c'est bien, monseigneur ; tout est au mieux, excellence.

Tandis que d'autres députés, rendus à la paix des champs ou fatigués du vide des cités, auront repassé dans leur mémoire les annales de la dernière session; êtres honnêtes et simples chez lesquels le repentir pénètre aussi facilement que l'erreur.

Qui sait donc si, dans le bilan ministériel, le compte de profits et pertes, au seul article de la mine, ne sera pas modifié au bout de l'an : en addition, par l'aversion de vingt départemens; en soustraction, par la conversion d'un nombre de boules du blanc au noir? Qui sait si certains députés ne s'élèveront pas, peu à peu, d'un rang de banquettes à l'autre, et ne se trouveront pas transportés au loin, sur les derrières du banc doré, épiant la première fausse manœuvre du ministère et prêts à le déborder de toutes parts?

Et ce n'est rien. Voilà la loi, voilà les deux lignes dont le papier a bu l'encre plus vite que l'esprit n'en aura digéré le sens. Or, que dit la loi? Tout ou rien. En bloc, elle dit : Fais tout ce qui te plaira; à peu près comme l'Alcoran l'a dit un beau jour au chef de l'ismalisme. Mais peut-être la loi ne durera-t-elle pas douze cents ans, ainsi que l'Alcoran; peut-être une autre secte viendra-t-elle à poindre, hostile et persécutrice contre sa rivale abattue; et pour lors, quelle triste figure ferait le grand turc de la rue de Rivoli.

« Tu as fait la loi, lui sera-t-il dit : bien; car tu n'étais pas seul à la confectionner. Mais qu'as-tu fait de la loi; car tu étais seul à l'exécuter? La loi

n'émettait qu'un principe; principe abstrait s'il en
fût, dont l'application et l'accomplissement de-
vaient s'opérer en vertu des lois existantes. Voyons
donc. »

C'est chose inouïe, incroyable, incompréhen-
sible : la loyauté que menacent tant de pièges, que
circonvient un abîme où nul n'est tenté de plonger
pour l'en retirer, la loyauté aura perdu le ministre.

Il faut l'avouer, la loi ne laissait pas que d'être
mal avisée. Son texte autorisait la concession de
la mine pour quatre-vingt-dix-neuf ans, sans fixer
aucune clause, sans prescrire aucune garantie.
Fût-elle tombée aux mains de tout autre ministre,
la mine était donnée à titre gratuit, sauf quelque
pot de vin pour l'antichambre; ou elle était léguée
à un favori, à une favorite, suivant que le cœur
en aurait dit : n'est-ce pas un diamant?

Mais la loyauté a d'abord reconnu que ce texte
tout en chiffres devait avoir quelque sous-entente,
et que les Chambres n'auraient pas voté contre
les vœux et les droits de tant de contrées, à moins
d'être tentées par un certain lucre; la loyauté
s'est rappelé bien à propos qu'il avait été parlé à
la tribune d'un prix de bail, d'un prix équivalant
à celui de l'ancien bail.

Or, comment atteindre à cette fin; car l'ancien
bail ne pouvait s'acquitter qu'au moyen de la fixa-
tion d'un taux exorbitant, pour la vente des sels,

dans les régions fermées à toute concurrence, tant par les frais de transport que par la barrière des douanes?

« Il n'y a pas de concurrence : cela suffit; et nous voilà libres de nos faits et gestes. Commençons par substituer le sel gemme au sel raffiné : le bénéfice doit être de 4 à 5 fr., moyen terme, en épargne du coût de fabrique et du déchet. Sur deux cent mille quintaux, c'est environ un million.

« Et les gracieux preneurs, daignant nous en tenir compte, au moins par fraction, nous sommes en état de suivre les mouvemens naturels d'une âme bien née, en réduisant de 18 à 15 fr., le *quantum* du prix imposé aux habitans de l'Est, qui ne se douteront pas que, pour métamorphoser le sel gemme en sels appropriés à leurs besoins, la dépense excédera de beaucoup cette remise. »

Jusqu'ici, c'est faire de l'administration, suivant la belle expression des commis. Maintenant, il s'agit de faire de la législation; car lorsque les rédacteurs oublient d'en faire dans la loi, les exécuteurs sont forcés d'en faire pour la loi.

Les sels indigènes ne tracassent pas, au moins avant qu'un nouveau cent millions ait été enseveli en canaux. Quant aux sels exotiques, l'affaire est toute autre. Voyons le tarif des douanes. Y a-t-il prohibition ou n'y a-t-il pas prohibition? C'est au ministre de l'apprendre aux ignorans.

Les ignorans savent seulement qu'il ne devait pas et ne devrait pas y avoir prohibition; que, s'il y a prohibition, c'est une taxation iniquement imposée, au moyen des douanes, sur l'Alsace et la Lorraine; que, s'il n'y a pas prohibition, c'est une exaction furtivement opérée au bon plaisir du fisc.

Mais la chose n'importe; car dès qu'il ne s'agit que d'une prohibition, le mince article est facile à couler dans la première loi des douanes; et cela fait, le ministre va s'écrier que, s'il existe un impôt, cet impôt dérive de la loi des douanes, et ne dépend nullement des clauses arrêtées dans le bail.

Tout beau, monseigneur. On sait fort bien que l'armée des douanes vous prête main-forte : elle agit de même à l'égard de la régie des tabacs; et cependant ne serait-ce pas mettre un impôt, que de hausser le prix de leur débit?

Le poteau des barrières n'entend à rien, ne parle pas du tout; si bien que vos prédécesseurs ont élevé les prix de 12 à 15 et 18 fr., et que vous comptez-vous mêmes le réduire à 15 fr., sans qu'aucune opposition soit survenue de sa part.

L'impôt tient donc au tarif et le tarif vient de vous, et l'impôt provient de vous, vous appartient.

Essayez sans que cela tire à conséquence, de réduire le prix des sels à 3 francs le quintal, pensez-vous que l'armée des douanes se révolte et que le poteau vienne mettre le *holà*, entre elle et vous : non sans doute ; seulement le prix du bail s'évanouira et le consommateur se réjouira , ne doutant plus que ce soit un impôt, à voir comment le fisc y perd, aussitôt qu'il y gagne lui-même.

Vous obstinez-vous encore ? On vous fera voir du chemin. On adhère à vos principes quelques rigides qu'ils soient ; on reconnaît que la loi des douanes où il n'en est pas dit un mot, a établi et maintient l'impôt sur les sels de l'Est.

Mais à quel taux l'a-t-elle établi ? apparemment au plus haut taux où ses moyens propres lui permettent de le soutenir, justement au taux où une limite lui est imposée par la concurrence des sels indigènes. Voilà la loi : obéissez, portez le prix à cette limite même , c'est-à-dire jusqu'à 20 fr. dans la Lorraine et à 30 fr. en Alsace.

Car autrement, et par exemple en abaissant le taux à 15 francs, vous faites acte d'autorité, acte de faveur envers l'Est, acte de révolte contre la loi. C'est également empiéter sur la législation de l'impôt, que d'alléger ou d'aggraver le fardeau des peuples.

Ainsi donc, que ce soit votre bon plaisir de faire débiter les sels de l'Est, par vos ayant causes, ou à 3 fr. ou à 15 fr. ou jusqu'à 30 francs, le tarif est de votre fait ; et ce fait vous rejette sous le coup du dernier article de tous les budjets passés et futurs. Vous êtes un concussionnaire.

Or ce mot vous fait-il peur ? prenez garde, car

la peur conseille mal. Irait-elle vous induire à établir une régie simple, à livrer les sels au prix coûtant? Rien dans le texte ne s'y oppose, et en dehors, tout y convie.

Mais c'est tomber de Charibde en Sylla. Il n'y aura plus de prix de bail, il y aura un déficit dans le budjet. Qu'avez-vous fait? Comment, est-ce ainsi que vous faites valoir les biens de l'Etat, est-ce ainsi que vous exercez la gestion qui vous fût confiée? Vous êtes un dilapidateur.

Que dire? La fameuse loi est comme un rasoir à deux tranchans : la main qui en use, se blesse d'abord.

Concussion ou dilapidation; il n'y a que le choix, que l'option entre l'une et l'autre.

En résumé, il importe grandement de distinguer entre la loi *comme elle est dite*, et la loi, *comme elle sera faite*. Car le texte n'est qu'un embryon informe, à qui les commentaires seuls peuvent prêter vie.

Comme elle est dite, la Chambre va peut-être l'adopter, s'imaginant ne donner qu'un pouvoir de passer bail.

Comme elle sera faite, le ministre qui le sait d'avance, a tort de dissimuler aux Chambres les conséquences qu'il entend extraire du projet : et il aura tort d'exécuter des mesures auxquelles il ne s'est pas fait autoriser par le projet.

Comme elle sera faite, les députations locales qui sont tenues à s'en instruire, doivent employer les moyens les plus énergiques; celles de l'Est, afin que leurs régions ne restent pas chargées d'une surtaxe de deux millions et ne soient pas forcées à consommer le sel gemme brut; celles de l'Ouest et du Sud, afin que tant d'existences éparses sur leurs côtes, se voient protégées contre une compagnie avide et intrigante, à qui la fraude pratiquée en grand, permettra d'écraser toute concurrence.

Comme elle sera faite, les membres de la Chambre qui en seront tentés, pourront l'apprendre en peu d'instans; et dès-lors ils verront que toute province que ce soit, court des risques pour la qualité des sels et point de chances pour la baisse du prix, que la population et la richesse publique ont à subir une perte importante, sur la somme actuelle du travail; qu'enfin la justice et la sagesse sont blessées par l'infraction des droits légitimes, par l'agression contre la propriété et l'industrie, par la consécration d'un monopole, précurseur de la gabelle générale.

Comme elle est dite, le ministre est coupable d'intention et la Chambre d'inattention; comme elle sera faite, l'un sera légalement responsable, l'autre moralement.

Paris, de l'Imprimerie d'A. Egron, rue des Noyers, n° 37.

Accidents Agricoles

NOUVELLE LOI DU 15 DÉCEMBRE 1922

CONFÉRENCE

donnée à

l'Union des Syndicats Agricoles

de l'Ile-de-France

LE 24 JANVIER 1923

PAR

M. le Directeur de la Caisse Syndicale

d'Assurance Mutuelle

des Agriculteurs de France